1 Você está começando o livro dos começos.

2 Comece por onde quiser.

3 Comece quantas vezes quiser.

4 Você pode escolher um começo ou
ser escolhido por um começo.

5 Para o segundo caso, decida um método
(fechar os olhos, jogar moedas etc.) e selecione um
começo aleatoriamente. Esse será o seu começo.

Livro dos começos

ISBN: 978-65-81275-74-7
Impresso no Brasil – 1ª Edição, 2024 – Edição revisada conforme o Acordo Ortográfico da Língua Portuguesa de 2009.

Dados Internacionais de Catalogação na Publicação (CIP)
(Câmara Brasileira do Livro, SP, Brasil)

Jaffe, Noemi
Livro dos começos / Noemi Jaffe. -- 1. ed. - Rio de Janeiro : Faria e Silva Editora, 2024.

ISBN 978-65-81275-74-7

1. Romance brasileiro I. Título.

24-203680 CDD-B869.3

Índices para catálogo sistemático:

1. Romances : Literatura brasileira B869.3

Eliane de Freitas Leite - Bibliotecária - CRB 8/8415

Faria e Silva é uma Editora do Grupo Editorial Alta Books

Produção Editorial: Grupo Editorial Alta Books
Diretor Editorial: Anderson Vieira
Editor da Obra: Rodrigo Faria e Silva
Vendas Governamentais: Cristiane Mutüs
Gerência Comercial: Claudio Lima

Produtora Editorial: Milena Soares
Revisão: Denise E. Himpel
Projeto Gráfico e Diagramação: Junior Santos
Capa: Lorrahn Cândido

ALTA BOOKS
GRUPO EDITORIAL

Rua Viúva Cláudio, 291 – Bairro Industrial do Jacaré
CEP: 20.970-031 – Rio de Janeiro (RJ)
Tels.: (21) 3278-8069 / 3278-8419
www.altabooks.com.br – altabooks@altabooks.com.br
Ouvidoria: ouvidoria@altabooks.com.br

Editora **afiliada à:**
ASSOCIADO

Para começar é preciso um salto. Saltar o começo, que se planta na página e que está pronto para a ordem, solícito. É preciso saltá-lo para que ele fique observando, frustrado, sua ausência. Que ele corra atrás das palavras que já o saltaram e nunca as alcance, porque as palavras vão velozes e ele está atrasado, aflito, e elas estão além e quando ele finalmente pensa que agarrou o pé de uma delas e morde a barra de sua saia em desespero, o texto já está chegando ao fim, e ele puxa a saia, esgarça o tecido, mas a palavra já escapou, o fim se avizinha e o começo está lá, parado, sentindo que o peso da palavra agarrada é, na verdade, leve, porque é só a saia, e ele foi empurrado para trás, de volta ao meio e lá ele não cabe. Ele está só, parado no meio e tudo já terminou.

O começo é o mais difícil. Cada som que antecede a primeira palavra deve ser pesado e medido, para que ela não se sobreponha ao silêncio. Ela aparece como a aba do chapéu de um espião, que se entrevê atrás de um arbusto. Só um rabicho preto, por onde se adivinha seu conteúdo. Talvez seja a palavra "casa", porque só se veem as curvas superiores. Mas pode ser a palavra "rasa", e não se pode confundi-las, sob pena de que todo o resto do texto se comprometa. Quando uma palavra avança sobre o espaço e ocupa seu lugar na linha, ela pode arrastar uma enfiada de ideias que vêm não se sabe de onde, nem para onde, nem por quê, e cujo arranque é irrefreável. Você corre atrás delas, mas elas estão sempre adiantadas e você quer encontrar aquela palavra, a palavra certa para dizê-la, mas não adianta, elas querem dizer muitas coisas. Você vai sentir falta do silêncio antes de ter escrito aquela primeira palavra, vai se arrepender, mas não será possível voltar atrás, porque uma vez a palavra lançada, ela se entusiasma e conclama suas colegas para que a acompanhem e você só fica ali, atônito, observando os caminhos ridículos que elas escolhem percorrer. Por isso é melhor não começar. Resignar-se ao mutismo, que é sempre mais confortável e não corre o risco de dizer muito mais do que se quis, além de poder significar qualquer coisa. É sério e confiável. Não é como as palavras, que se vendem por qualquer possibilidade de exibição.

Livro dos Começos

Começar é fácil. Antes que a pessoa se dê conta, antes que decida, o começo já se impõe. É só mexer o braço, piscar, deslocar um pé mais para a direita ou para a esquerda e já é um começo. Nada definitivo ou grandiloquente é necessário. Mesmo que tenha havido muito esforço de planejamento, muito tempo no desenvolvimento do projeto, nada disso dificulta ou impede o começo. Os problemas verdadeiros, os intransponíveis, acontecem depois: quando se chega mais próximo do meio ou do final. É aí que aparecem o cansaço e a repetição e se estabelece o passado, fonte de todas as dificuldades. No começo não há passado atormentando o caminho; só existe o futuro e tudo se desenha largamente à frente, como se as possibilidades se franqueassem e apenas o fato de ter começado já contivesse a própria conclusão. Os começadores se refestelam na expectativa que se abre e se sentem desbravadores de uma jornada vitoriosa. O pé que pisa o começo, a palavra que lhe dá início é sempre um gozo que se impõe como uma bota de soldado prestes a desfilar. Mesmo que seja uma palavra monossilábica, como "pois" ou "lá", quando ela se posta no começo soa como "cataclisma" ou "periclitante". Seguida de um ponto final, então, não há quem a segure. No começo, ainda por cima, há a garantia de que todos darão a devida atenção, mesmo que não se saiba o que é. No começo é possível fingir que se quer alguma coisa e dar a ela uma aparência de peso, consistência e decisão. Não há solidão no começo; ele é a própria face da companhia que se oferece a todos amigavelmente. O começo diz: "vamos, comece comigo", ao que todos se sentem livres e pensam como foram tolos de não terem começado, já que era tão fácil. O caminho, para quem acompanha a oferta tão simpática do começo, parece mais aberto e temos então a certeza de que os problemas serão resolvidos.

Não comece. Depois de começar, você se dará conta de que não existe mais caminho de volta. Mesmo que você retorne e tente apagar as pegadas dos passos já dados, eles nunca serão desfeitos. Mesmo que nenhum traço sobre daquelas pisadas, elas foram dadas e, se não há restos aparentes no chão, em você, ao menos, elas nunca mais se apagarão. Por isso, é melhor preservar-se ileso, na visão preliminar do começo e, quem sabe, fingir que se vai começar, para que os tolos pensem que isso de fato vai acontecer. Você se posta na iminência do começo, ensaia uns gestos que aparentam prontidão para ele e pronto. Todos irão embora acreditando que dali certamente sairá um começo, e você fica ali, não começado. Se eles voltarem e perguntarem por que você ainda não deu o primeiro passo, você continua ameaçando dá-lo e todos entenderão que isso não aconteceu por razões sérias e incomunicáveis. Se esse teatro for de difícil execução, retire-se. Escondendo-se, haverá álibis para o fato de você não ter começado e todos entenderão sua recusa. Será como se você não só já tivesse começado, mas como se estivesse no meio. Pense que não começar é a única forma de não disparar um processo incontornável de sofrimento. Mesmo que você só dê um único passo, será como colocar a peça errada no tabuleiro de xadrez. Assim são os começos. Não pense que ao encostar o pé no chão poderá arrepender-se. Basta um gesto; basta inclinar o corpo um pouco para a frente, deslocar o peso das pernas e levantar os dedos. Não os levante. Mas não pense, por outro lado, que será fácil a decisão de não começar. Não pense que poderá simplesmente esquecer-se disso. Não. Os não começadores precisam estar em constante estado de atenção, porque a qualquer momento você pode começar sem nem se dar conta e todo o trabalho de não ter começado terá sido desperdício. Não sobrará pedra sobre pedra e você não será diferente daqueles que nem se importam em começar e vão despreocupadamente começando qualquer coisa que aparece. Não pense que todo o trabalho de preparação mudará alguma coisa. Você será como eles. Por isso, não descanse. Não começar é mais desafiador do que o contrário. A vantagem é que o sofrimento é menor, embora o desgaste tático seja maior. Se o não começador não se mantiver em estado de prontidão para o não começo, desavisadamente ele corre o risco de, num passo em falso, começar alguma coisa. E não só qualquer coisa, como justo aquela que ele mais temia; porque essa é a que fica à espera de um descuido para, num golpe baixo, disfarçar-se de outra coisa e, quando o não começador vê, é ela que se anuncia e o retorno é impossível. Os começos são mais poderosos do que parecem e do que qualquer força de resistência, já que seus meios são capciosos. Por isso, para evitar o começo, não bastam fortificações. É preciso armadilhas mínimas, quase invisíveis, para que eles não se entreteçam pelas beiradas.

O começo é o mais triste, porque sempre se começa não porque se quer, mas porque é preciso: algo o obriga, não há saída, sem o começo não haverá o produto, se não se começa não se vai a lugar algum e dizem que é só dar o primeiro passo que o resto flui. Mas o produto não interessa, não se quer ir a algum lugar e o resto raramente é mais do que resto, e por isso o começo não passa do prenúncio de uma infinita falta de identificação. Todos querem que se comece, não custa nada, qual é o grande esforço de se dar um primeiro passo? É como se uma coisa, por ser a primeira, fosse menos complicada do que uma segunda, terceira ou trigésima. É triste saber que depois do começo haverá necessariamente uma continuação, porque nada se basta em apenas começar. Um começo poderia ao menos ser também o meio e o próprio final, daí começar não seria tão amargo, como acionar uma máquina inteira de ações e negociações com o destino. Começar é o mesmo que empreender, disparar, preparar, e tudo isso são coações produtivas, ou pior, bélicas. Não se pode pensar em começo sem luta; todo começo é o começo de uma moral. É um processo que só pode se dividir em três: o começo, o meio e o fim. Se ao menos se pudesse pensar num começo eterno, em que se começasse para se continuar começando, sem passar disso. Mas não. Como é que se determina, uma vez iniciado um processo, que se está chegando ao meio, que o começo terminou? Dizem que o meio é o fim do entusiasmo, é o trabalho propriamente dito, a etapa mais real. Mas é o fato de que algo precisa ser começado, com a perspectiva de que se atinja, mais tarde, o momento mais difícil e realista, que torna começar tão triste. Por que, simplesmente, não ficar sem começar? Por que não se recusar a ativar qualquer coisa? Por que não se largar no vazio e coincidir com o nada, sem proporcionar nada, sem pôr nada em prática, sem olhar para a frente?

O começo não passa de interrupção de algo que já vinha ocorrendo, mas que ainda não tinha recebido nome. As coisas estão em permanente processo até que alguém apareça e nomeie um ponto das coisas como começo. Assim, o começo pode até ser chamado de fim, em nome de uma fúria nomeadora. Mais do que nomear, designar um começo é localizar algo no tempo e condená-lo à temporalidade, já que o começo é um elemento da tríade composta de passado, presente e futuro. O que agora é começo, em muito ou pouco tempo já será passado. Porém, se não nomearmos nada, se não interrompermos as coisas para chamá-las de começo, elas simplesmente continuarão, sem jamais se darem conta de suas partes ou de sua localização no tempo e no espaço e então não estaremos condenados ao meio e ao fim, pois nenhum deles o será. É como cortar algo que passa, represar a correnteza e desviá-la de seu curso para estabelecer um curso que se disfarça de novo, quando é somente uma violação do que já existia. Começar é o sintoma mais forte do desejo de novidade, já que todo começo contém a energia do novo, a que poucos resistem. Logo depois, o novo se desgasta, vira passado e surgem outros começos, outras interrupções do que já vinha acontecendo para que aquela energia se refaça. Não se respeita a energia da inércia, essa sim mais genuína; uma força que se arrasta sozinha e que se mantém até que sua carga se esgote. É preciso agarrar a inércia, enxertar-lhe forma e significado, até que ela se recomponha e se transforme em começo. Dessa maneira o acontecimento se enfileira, como um soldado a postos, para dar sequência às coisas que de agora em diante se abaterão sobre ele. Ele agora faz parte de uma perspectiva, de um projeto, e terá que se postar obedientemente, para depois ser substituído pelo meio e pelo fim. Ele já avista ao longe, preparando-se, os batedores do meio, que se encaminham para o seu lugar e já lhe lançam olhares temerários. Que o começo não se estenda demais, eles parecem dizer. Que ele não venha com caprichos, retardando o momento da entrada. Que não os atrase, eles dizem. E o começo, que antes vinha embalado, inconsciente de si, no fluxo das coisas, conforma-se cabisbaixo a sua nova condição e aceita seu destino.

Como é bom começar. O mundo se abre ao começador como um dia de sol, uma extensão larga e plana, sem vales por descer nem montes a escalar. Escreve-se a primeira palavra com confiança, entusiasmo e a certeza de que muitas outras virão, com energia e vibração semelhantes. Mal é preciso que se saiba qual será o prosseguimento; basta dar início e as coisas surgem espontaneamente, geradas pela força daquele começo, que empresta alegria a tudo que se lhe segue. E assim, para o começador esperançoso, é como se tudo sempre fosse um novo começo, cada nova palavra, cada momento da história. Tudo se reveste daquela ânsia de se saber empreendendo uma jornada que, se imbuída da mesma garra, será bem-sucedida. Na verdade, pouco importa, para o começador, se haverá sucesso; o importante é que houve um começo e isso já é significativo. Aventurar-se no nada, cortar-lhe o desejo de estender-se por todos os cantos, até que tudo se cubra de vazio, é esse o desafio de quem se dispõe a começar. Romper a indolência do silêncio que quer cobrir o mundo de inação e impor a ele um som, um gesto, uma forma. Ou mesmo que seja começar com delicadeza, sem quebrar nada, sem violência, apenas mover um dedo, escrever uma letra, piscar. Não importa como se começa, se com raiva, desejo ou apenas casualmente, como quem nem percebe que está começando, e que só depois, quando o processo já estiver razoavelmente adiantado, vai se dar conta de que já houve o início. Não importa como. O mais importante é que a inércia se interrompeu e uma história, que sempre, por menor que seja, muda o fluxo do mundo, está a caminho. O começo é uma gestação, um cuidado que se anuncia, é pôr em jogo uma novidade, um outro, e a criação do outro é a razão da vida. Sem começo tudo se perde numa imensidão do mesmo, não existe o tempo, tudo é igual. Começar é coincidir com o próprio tempo, que recomeça infinitamente.

Começar ou não começar é a mesma coisa. Se o fim é sempre o mesmo, não faz diferença por onde, quando, por que e como se comece. Ou mesmo até que se comece, porque mesmo se não houver o início, haverá o fim. Mesmo que alguém resolva empreender algo novo, que possa imprimir um significado único a sua vida, algo que vai marcá-lo no presente e também na posteridade, nada disso faz diferença, porque o fim será igual. E se a vida acaba mas as coisas ficam, e então se pode argumentar que vale a pena começar para que algo permaneça em outros tempos e lugares, que diferença isso faz, se mesmo sobre o efeito dessa posteridade também se abaterá o fim? Por isso, se quiser comece ou, se não quiser, não comece, mas não filosofe; isso é uma vertigem narcísica. Quem quer atribuir algum sentido à vida e às coisas, que comece novos projetos, acione pautas, ponha ideias em ação, transforme o passado e crie um futuro, geste seres, trabalhos e obras. Que o faça porque nada poderá impedi-lo já que o que o move é a vaidade e para essa não há argumento. Mas que saiba, ao menos, que qualquer alteração que sua fúria começadora provoque será breve e insignificante; e, se for duradoura, será em vão. Se for grande, poderá ser perigosa. Já quem se mantém na outra vaidade, a de não começar, que não exiba sua discrição a todos, e que também não esconda, achando que com isso chamará atenção. Se não quiser, que não comece, mas que tampouco queira atribuir a isso significado subversivo; que os não começadores saibam respeitar os começadores como sujeitos mais crédulos, com uma vaidade menos cínica. Agora, se entenderem que tanto faz como tanto fez começar ou não começar, que tudo não passa de capricho numa tentativa desesperada de perdurar, então saberão que cada um de seus gestos são só parte de uma máquina que nos governa, nos manipula e ri de nós, e que o nome dessa máquina é tempo, ou ainda, morte.

Comece como um gato. Olhe fixamente para alguma coisa e não dê sinal do que fará. Mantenha-se apoiado sobre o corpo como se nada fosse acontecer. Adote a postura de alguém que está prestes a adormecer, mesmo com os olhos arregalados e o tronco em estado de semiprontidão. Aja como se houvesse iminência e preguiça. Algo importante pode acontecer e isso dependerá de uma decisão casual e incompreensível. De preferência, dê a impressão de que vai agir e, quando tudo estiver preparado para o gesto, desista. Ao contrário, quando ninguém mais esperar que você aja, dê início a algo. Jogue-se sobre a coisa, atire-se e agarre o começo como se fosse destruí-lo, para logo então largá-lo como se ele não tivesse a menor importância. Quando enfim parecer que você desistiu de começar, lance-se outra vez sobre a coisa para então largá-la e assim sucessivamente, até que o começo esteja razoavelmente desfeito. Então desista e parta para outro, com o mesmo mistério e arbitrariedade. Deixe restos de começos espalhados pelo piso, fiapos de coisas desejadas de repente e abandonadas com a mesma facilidade. Mantenha-se sempre acima daquilo a que você dá início; não permita que os começos se sintam lisonjeados por você tê-los adotado. Nem olhe para eles; deixe que outros catem os pedaços que você foi largando e volte à posição de esfinge, em que tudo ou nada pode acontecer. Comece algo e então durma sobre o próprio começo antes de dar qualquer continuidade, de forma que todos se desesperem, fiquem curiosos sobre o que virá e saiam do lugar achando que talvez nem tenha ocorrido nada. Nunca termine um gesto a que você deu início e não permita que ninguém acredite na ilusão de que as coisas precisam de sequência, porque, afinal, só existe começo para quem acha que existe fim.

O começo é erótico. Se o erotismo é a fronteira que mistura revelação e ocultamento, nada como um começo. Só nesse momento é que ainda não se sabe nada do que vai acontecer e nem mesmo se vai acontecer alguma coisa. Já houve uma amostragem, já se supõe o que virá, mas pode ser que se esteja enganado e a continuação seja o oposto. A grande dúvida está aí; se houver prosseguimento do mistério nas mesmas bases, todos ficarão entediados e não se entusiasmarão; ficarão cansados de precisar desvendar enigmas. Já se não houver, se tudo for revelado, todos se sentirão confortáveis e não haverá tanta curiosidade. Só no começo é que se exerce a sedução mascarada. O disfarce é completo, o jogo se expõe abertamente ao interlocutor e o proponente tem a partida ganha. Contar qualquer coisa é sempre um jogo, e não se pode descartar do projeto a ideia de vitória. Assumir que se está jogando é ainda mais erótico. Nada de amor, que atrapalha rituais e manipulações; é preciso um misto de razão e intuição para bancar as estratégias que compõem o começo. Colocar-se integralmente, mas com a consciência de que isso não passa de disfarce. O começo nunca é por inteiro; só aparenta ser. Dar ao outro a impressão nítida de que aquele começo se entrega, para que ele sinta algum poder. Iludi-lo, fazer com que ele se aproxime, excitado, para então desprezá-lo. Deixá-lo inquieto, sem saber se houve tentativa de conquista ou se tudo não passou de fantasia, para então dar de novo a impressão de que há interesse. Manter o outro na dúvida entre sentir-se desejado e rejeitado: a armadilha de um bom começo. Só assim o outro estará sob controle e você poderá conduzi-lo livremente. E o que você quer é que ele caminhe pelo começo como se a opção fosse dele, como se fosse ele a desbravar o mistério. Você quer que ele se sinta um conquistador de começos. Cada detalhe deve ser calculado para dar a impressão de que não houve cálculo e de que se começou espontaneamente, como se do nada. Mesmo se houver impacto, ele deve soar casual, partir sem esforço do começador desinteressado. A intensidade deve ser moderada; nem tão pouca que afaste nem tanta que assuste. É preciso que a isca seja guiada por sensações, mais que por ideias. Ideias estrangulam o erotismo; entre com as ideias somente mais tarde, quando sentir que o oponente já está conquistado. Ofereça pedaços, mais sedutores que o todo. Para o seduzido, o todo não deve estar no horizonte de conquista. Não existe totalidade no erotismo.

Quem começa vira uma criança. Olha para tudo como se fosse a primeira vez e vê as coisas sem seus nomes e funções conhecidas. Olha para uma garrafa e pensa que é um tipo de fruta ou árvore. Experimenta tudo com a boca. Avança sobre o objeto ou se aproxima com cuidado, temendo que seja perigoso e machuque ou queime. Age com a coisa como se ela também estivesse a descobri-lo. Uma criança está sempre a começar, mesmo quando já conhece algo e já o manipulou continuamente. Na segunda, terceira e quarta vez é sempre como na primeira. A memória não funciona como um amortecedor, um ensinamento que inibe a novidade, mas, ao contrário, funciona como um depósito que supre o mundo com mais novidades. O que é lembrado não serve para diminuir o entusiasmo do encontro, mas para redobrá-lo. Assim, um começo é essa inauguração grandiosa, mesmo se pequena, em que cada instante tem beleza e particularidade. O começador diz: como é bela essa palavra, ela se parece com uma alcachofra ou com um sorvete. Ele morde a palavra, vê se ela queima na boca, se é cremosa ou crocante. Depois cospe, para então mastigá-la outra vez. Pega com a mão, sacode, ouve se faz barulho, joga no chão, pisa e lança contra a parede para ver se espatifa. Examina-a, tenta desmontá-la e depois não consegue montá-la de novo. Coloca-a assim mesmo, aos pedaços ou colada de forma improvisada. Quando uma palavra nova não encaixa no espaço, o começador força sua presença e a faz caber mesmo se apertada ou larga. Esse começo é observado pelo olhar infantil com carinho e orgulho e há um traço de "fui eu que fiz" em cada coisa que se começa. Então se quer começar de novo, para que se possa exibir aquele início como um troféu, para que todos o vejam e cumprimentem a criança. Essa criança que começa não deseja amadurecer, como se isso fosse uma condenação e uma responsabilidade. Não há responsabilidade no começo; é um prazer completo e maciço. O começo não quebra, não tem falhas, é um bloco de alegria. Mesmo que as coisas sejam feitas tateando-se, sem certeza nem razão, ainda assim elas são cabais. Cada passo mínimo que se dê já é completo. Pode ser que haja choro e temor, mas será com intensidade. Uma intensidade que dificilmente se sentirá outra vez. É por isso que o começador criança não quer outra coisa senão o começo.

Antes de tudo, é preciso munir-se de vassoura de pelo, de fibras, um rodo, espanador, panos, esponja, sabão, detergente, desinfetante e álcool, pois para começar é necessária uma faxina. Retire do espaço qualquer inutilidade. Por exemplo, você tem duas canetas: uma azul e uma preta. Como decidir se uma delas é supérflua? Seja enérgico. Decida rápido. Não se detenha sobre o que deve ser descartado; descarte. Quase tudo é supérfluo e para o começo ainda mais, já que todos os objetos querem servir para essa função e quase nenhum serve. Seja rigoroso com os objetos carentes. Jogue-os fora. Livre-se de tudo; fique somente com coisas mínimas que não produzam sujeira, acúmulo e restos. Em seguida inicie o trabalho de limpeza das superfícies. Esfregue tudo com vigor e não permita que um pano sujo toque a superfície limpa. Troque de pano. Não deixe que sobrem fiapos nas bordas; cuidado, eles se enfiam pelos menores vãos. Uma vez assegurada a higiene da superfície e descartados os supérfluos, examine o piso, os apoios, a cobertura e as paredes. Não pode haver manchas, gordura, impregnações ou pó. Espane, raspe, esfregue, lave e enxágue bem, porque o perigo de lavar é não saber secar. Quando você estiver seguro de que essas partes estão limpas e secas, proceda aos tecidos, que devem ser imaculadamente brancos. Tire tudo o que não for branco do espaço e então comece a lavar e alvejar o resto. Esse procedimento pode levar horas e, se não houver sol, um ou dois dias. O sol é fundamental, mas não em excesso, caso contrário pode provocar manchas. Garantida a limpeza dessas áreas, além de providenciado o essencial para a continuidade do começo, retire o material de limpeza e se prepare para começar. A questão é que, realizada a faxina anterior ao começo, é importante lembrar que o começo é também uma limpeza. Virão lembranças, palavras desnecessárias, vozes impertinentes, todas querendo participar. Preste atenção — são sujeiras, manchas, restos que não se conformam em não terem sido convidados. Trate-os mal. Seja ríspido com lembranças indesejáveis. Diga a elas que se retirem e, se se negarem, expulse-as. Cuidado com palavras que remetem a começos como "desde", "antes" e "então". Elas maculam o ambiente e devem ser rejeitadas. Mais atenção ainda a contextualizações e atmosferas. Nada de atmosferas. Esvazie tudo que resvale na ideia de origem e princípio. O princípio já aconteceu e nunca mais se repetirá. Da mesma maneira, também é absurdo começar pelo meio. O começo deve ser autêntico e limpo. Pense na primeira letra, mas deixe que ela saia como se não tivesse sido pensada. Ela deve parecer virginal. Verifique em seguida se não há na letra ou na palavra restos de coisas vagas e ambiguidades. Se houver, troque imediatamente de palavra, antes de acostumar-se a ela e, o maior perigo, apegar-se a ela. Faça uma combinação de aleatoriedade com siso. O ideal é que você se livre de si, até que não reste nem mais sombra de sua presença; é preciso que a palavra soe como se tivesse nascido naquele instante. Brilhante e só. E ela governará a chegada de outras, sempre nas mesmas condições. Toda palavra deverá ser um novo começo e sempre será necessário um processo de faxina total. Com o tempo, também é preciso se precaver contra o envelhecimento das palavras, que enrugam e acumulam sujeira ou sobrecarga de significados nos vãos entre as letras. Faça uma revisão cuidadosa com regularidade e limpe tudo para que ninguém as entenda mal e elas não causem impressão enganosa de mudança de rota. Limpe tudo, sempre, porque o tempo só faz sujeira.

Se estiver muito preocupado com o começo, esqueça. Vá fazer outra coisa e, quando menos esperar, ele aparecerá. Provavelmente cairá sobre sua cabeça quando você estiver guardando a louça ou se preparando para ir dormir. Ou você poderá encontrá-lo largado no chão, embaixo de algum móvel, esquecido ali pelas crianças ou pelo gato. Mas não se incomode; ele virá, porque o começo surge do acaso. Na verdade, o começo é o próprio acaso; é ele que dispara todos os acontecimentos e sensações. Se você se prepara, nada acontece. Ou, no melhor dos casos, acontece de forma frustrante. Não almeje. Procure manter a disposição para a surpresa. Mas não cuide para ser descuidado; o treino para isso é mais profundo e acontece sem querer. O segredo é aprender a distrair-se sem tentar fazê-lo. Num momento de desatenção, como quem não quer nada, o começo virá despercebido e o levará para um lugar onde habitam vários outros começos, meios e fins. Lá você nem perceberá que está cercado por tantos começos. Todos eles o receberão bem e o tratarão como se o conhecessem há muito tempo, desde antes de você estar procurando como começar. Você então terá inúmeros começos e poderá fingir que nem estava considerando essa busca com dificuldade e receio. Tudo será como se sempre tivesse sido seu. A esta altura, entretanto, você deve estar se perguntando como fazer para entrar nesse estado de graça desatenciosa. Se, ainda mais, é preciso não precisar de nada, nem ao menos de treino para receber os começos, como destreinar a memória, como descumprir tudo? Sim, esse é um problema. Para obter a distração é preciso distrair-se de querê-la e, o que é pior, não se obtém a distração porque ela não é algo que se possua; ela escapa. Só a tem quem não a tem. Talvez um bom método seja permitir que suas falhas se manifestem. Deixe as coisas caírem, tropece, suje a mesa e a roupa, esqueça as chaves e não se culpe. Pare de anotar tudo em fichas, não planeje a semana e acolha as surpresas. Se surgir um imprevisto, aceite-o. Demore mais tempo para fazer tudo e comece a ir a lugares desconhecidos. Não aprenda a chegar; só decida qual será a condução. Entre no primeiro ônibus, desça no trigésimo ponto e vire na quinta rua à direita. Entabule uma conversa sobre o passado com o primeiro velho. Esse será o começo. Mas, se você pensar bem, esse método não passa de infantilidade. Parece original, mas é pura autoajuda. Esqueça tudo.

O começo é um suicídio. É preciso arriscar-se e jogar para morrer. É preciso morrer de verdade. Abandonar o que se sabe, o que se conhece, o que se quer. Não se pode saber o que se quer. Entregar-se ao vazio e habitá-lo sem paredes, teto ou chão. Cair indefinidamente, com o corpo descontrolado, agitando braços e pernas, com a cabeça contraída pelas marcas do vento, a boca aberta sem poder emitir palavra que faça sentido, o som mal chega a ecoar e ninguém vai ouvi-lo. Lá embaixo, não se vê nada; não se sabe se a queda final será na água, no fogo ou na pedra. Sequer se sabe se a queda terminará — e você está só no começo. Tudo o que fez até agora foi ousar começar. Será preciso ir muito além dessa ousadia, que você pode considerar grande porque se trata da própria vida mas que é pequena perto do que o aguarda, o suicídio não se basta na decisão da morte e tampouco no ato de jogar-se. Isso é o mais fácil. O suicídio exige que se suporte o tempo de sua duração. A despedida da vida e o aguardo da morte; esse é o sacrifício do suicídio. E sem ele não se pode começar; afinal, ninguém quer um começo que já seja o fim. O que todos querem é assistir à queda do começador; por quanto tempo e como ele suportará a distância da vida que tinha. Porque, se o começador desistir dessa morte, ele pode voltar à terra a qualquer instante. É só querer e, sem dificuldade, retornará à segurança de antes. Mas, depois desse retorno, será praticamente impossível organizar outro começo. Os começos cobram quando há desistência. Eles se resguardam e se ocultam dos começadores covardes; os que só fingem ou que brincam com o suicídio. Os bons começos não estão aí para trapaças. Querem ser levados a sério. Caso haja desistência, a nova chance de começar será testada com variados métodos e dificuldades. Não se sabe, até agora, se já houve caso de suicídio bem-sucedido. Mesmo assim, esse é o preço; ao menos fica garantido um começo. Nada se sabe sobre o que vem em seguida, pois, para quem sustenta começar assim, cada momento posterior será como o inicial. Mas você pode estar se perguntando, então, se é possível haver vários suicídios e se tudo isso, nesse caso, não passa de figura de retórica. Não é possível suicidar-se várias vezes. Mas se não é possível cometer o suicídio inúmeras vezes, é sabido que é possível suicidar-se continuamente — de forma lenta, se quiserem, ou rápida, mas processual. Tudo deve se concentrar nos instantes que separam a vida da morte — é aí que se localiza o começo. Sempre um triz antes de morrer. Quem não estiver preparado para morrer imediatamente não deve nem pensar em começar. Que fiquem eternamente no meio, que vivam iludidos, que caminhem com os pés no chão, que voem, mas não saberão cair — essa perda permanente. É preciso estar preparado para perder tudo — amigos, amores, posses, corpo, voz, casa, truques, acordos, lágrimas, pão, símbolos, carícias, histórias, beleza, verdade, matéria, espírito, substância, equilíbrio, dor, certeza, especulações, segurança, pele. Só restará o medo. Para avançar, basta o medo e só ele é desejável. Não se pode ter coragem para o suicídio; esse suicida não serve. O medo do começo deve ser gigantesco; nada que o diminua, que o disfarce. Cada palavra, cada som deve estar carregado do medo supremo da morte total.

Só os loucos começam. Como alguém, em sã consciência, pode pensar em começar qualquer coisa, se já sabe que advirá o fim? É uma questão de lucidez e de bom senso. Trata-se de um gasto excessivo de energia, sem a menor chance de recompensa. Os loucos que começam podem ser enquadrados em categorias distintas. Há os começadores paranoicos: começam porque temem que outros tenham começado antes e melhor; os que avançam para o começo na esperança de que ele possa livrá-los de uma perseguição e de que, começando algo, ficarão mais seguros. Todos esses se enganam e percebem tarde demais que não havia perseguição e que começar não os protegeu de nada e só agravou a situação. Já no caso daqueles que de fato estavam sendo seguidos, o começo só piorou a caça e os colocou em uma emboscada. Há também os começadores maníacos: começam porque não suportam ficar sem fazer alguma coisa por muito tempo. Sabem de algo, experimentam qualquer coisa, vivem uma experiência e pronto: já se põem a começar, com métodos infalíveis, que eles garantem que dará certo. O que leva necessariamente ao terceiro tipo de loucos começadores: os mitômanos. Os que têm a certeza de que o começo os tornará famosos, os levará ao sucesso e que, dessa única vez, o final não será fatalmente o vazio. Haverá continuidade e memória e, o pior de tudo, outros começos. Há, é claro, os delirantes. Mal sabem que estão começando; acham que aquilo está acontecendo mesmo e que eles estão no meio. Por natureza, são crédulos e otimistas. Gostam de começar, apreciam o novo e empreendem aventuras com espírito de luta. São ridículos. Acham que há possibilidade de mudança e falam a palavra "transformação". Não se pode ignorar os começadores esquizofrênicos, que começam várias coisas diferentes ao mesmo tempo, adotando, para cada uma, um estilo e uma linguagem diferente. Creem-se geniais e acham que nada está a sua altura; por isso abandonam alguns começos por puro enfado e partem para outro. Suas gavetas estão abarrotadas de começos interrompidos que, apesar de incomodá-los, na verdade só os envaidecem. Por outro lado, há loucos inclassificáveis. Não há categoria em nenhum catálogo de doenças mentais para eles. Isso porque, inexplicavelmente, eles avançam além do início e conseguem ultrapassar meios, novos começos e chegar até o final. O final, para eles como para todo mundo é sinônimo de morte e, apesar disso, se contentam e aceitam a derrota só para, daqui a algum tempo, recomeçar. Trata-se de um fenômeno que beira o inacreditável. Por que recomeçam? Já conheceram o destino que se abate sobre os idiotas que arriscaram começar e, mesmo assim, continuam. Não há explicação possível, além de loucura no grau mais elevado. Seria como insistir em nascer outra vez. Ou ressuscitar no momento imediatamente anterior à morte e pedir para morrer de novo.

Uma palavra resolveu sair para passear. Assim que pisou na calçada percebeu que o passeio não era livre nem despretensioso. No momento em que respirou o ar da rua, se deu conta de que estava presa a um começo e de que era, ela mesma, o começo de uma história. Teria que ser acompanhada de outras palavras, exercer uma função razoável dentro de um pensamento ou de uma frase e não demoraria a chegar o instante em que não poderia mais continuar o passeio e teria que aproximar-se do fim, para ceder espaço a outras palavras menos interessantes que ela, que nem sequer tinham pensado em dar uma volta, quanto mais passear. A palavra se considerava única, gostava de sua presença diante de outras menos interessantes e mais comuns. Prezava sua individualidade e, embora não conhecesse sua utilidade ou significado, tinha-se em alta conta. Fora por essa estima — talvez excessiva — por si mesma que resolvera empreender aquele passeio; para ver e ser vista, para caminhar por aí, para perder-se em meio à multidão de pessoas, coisas e lugares. Mas nem bem mostrou uma parte de seu perfil e já foi agarrada para servir de começo a alguma história. A palavra tinha horror a ideias e queria soar solta e simples no espaço, sem significar nada. Ao menos por algum tempo. Não adiantou. Foi obrigada a assumir significados e, o que é pior, associar-se a outros, menos exigentes e inteligentes, que nem se preocupavam em sair para passear. Ela se contorceu, tentou evitar a fisgada, a posição de prumo ao lado de outras palavras; nada fazia efeito. Uma vez posta em ato, não havia como se deslocar, forçar o espaço para ganhar alguma possibilidade de manobra e negociação. Nada. Era o que era e pronto; era conformar-se com seu papel de começadora e passar a servir a alguma frase em que seria não mais do que acessória. Sabia, por rumores, que algumas palavras já tinham conseguido, quando postas em situação funcional, rebelar-se, recusando-se a significar aquilo que desejavam que elas significassem. Era uma manobra difícil, mas já dera certo. Aquelas palavras simplesmente não correspondiam ao desejo do proprietário, mesmo se amarradas a duas bem mais dóceis ao comando externo. Essa atitude acabou por forçar o latifundiário — também conhecido como autor — a, em princípio, trocá-las de lugar. Mas nada teve serventia, elas continuaram a se manter em atitude de teimosia e recusa, e o fulano acabou tendo que ceder, jogou-as fora, devolvendo-lhes a liberdade. A maior liberdade de todas, que, para elas, mas apenas para aquelas poucas, era não serem obrigadas a significar algo fixo. A palavra já tinha sido usada com outros significados, vários outros, mas nenhum lhe agradava tanto quanto viver em liberdade e abster-se de todo começo. Ela tinha horror a começos e preferia deixá-los para outras mais ordinárias e conformadas com seu destino, verdadeiras prostitutas que se entregavam a qualquer começador que passasse na frente.

Por onde começar? Como encontrar o lugar, em meio à vertigem de possibilidades, que servirá para um começo? Como desbastar as oportunidades que se oferecem como certas, únicas e redentoras? Será que, escolhendo um caminho que surge como chance de começo, não se perdem outros melhores? Ou será que qualquer caminho serve, contanto que se comece e, mais tarde, quando já se tiver começado, conserta-se o que estiver errado? Tantas foram as vezes em que se optou pela ousadia, pela entrega ao acaso, para logo se perceber que não, que era uma fraude, uma trilha condenada ao fracasso do começador. Era tudo aparência e nada levou a nada. O começo era não mais do que uma história sem-vergonha que, assim que tomou forma, desmanchou-se em mil. Não havia nada maciço ali; só uma falsa impressão. Nessas ocasiões, a frustração é tanta que começar novamente é mais trabalhoso e complicado. Primeiro é preciso vencer a frustração para só depois passar a empreender outra tentativa. Não; é melhor nem tentar, se não houver certeza. Além do mais, quando se escolhe um caminho, ele parece definitivo, quando na verdade não é bem assim: você sabia, mas não queria reconhecer, que junto àquele havia muitos outros que poderiam acompanhá-lo sem prejuízo para qualquer um deles e nem para você; seria possível abordar muitos começos, deslocar-se de um para outro, começar e recomeçar, mas não: você enfiou na cabeça que somente um era desejável e que se você escolhesse vários não passaria de um inseguro e ninguém em sã consciência seria capaz de gostar de uma história com vários começos. Todos querem apenas um. Querem um começo definido que é para a história prosseguir adequadamente e o tempo passar a contento. Ninguém quer ficar para sempre estacado em começos soltos que não levam a nada e só se voltam para si mesmos. Isso é narcisismo, dificuldade em aceitar que as coisas acabam e devem dar sequência a outros estágios do tempo. Então você não começa: fica se perguntando por onde começar e isso passa a impressão de que você fará finalmente um começo decente. Mas não passa de fuga; quem quer mesmo começar faz de qualquer jeito, não fica inventando questões de profundidade duvidosa. Alguém dirá que não começar ou ficar se perguntando também é um começo e que qualquer questionamento é hipócrita. Um jeito de enganar a si mesmo. Ponha a mão na massa, pegue uma enxada, vá trocar fralda de bebê e pare de fazer manha. Isso não é pergunta que se faça; aqueles que vivem a vida sem medo jamais se perguntam por onde começar. Essa questão nem passa pela cabeça. Nada; eles não se perguntam nada, os fazedores, os começadores, os acabadores. Você não. Você interpõe dificuldades entre você e qualquer coisa que apareça: vem com dúvidas até sobre o que já está realmente fazendo. Pare com isso.

Para começar, não há nada melhor do que um fato cientifico mesclado à formulação clássica dos contos de fada. Era uma vez um exame de ultrassonografia com contraste que permitia ver, graças a uma pigmentação especial conhecida como Doppler, se havia ou não nódulos na tireoide de alguém.

É isso. Cria-se a oposição e pronto: está encetado um começo intrigante, calcado na realidade mas que ao mesmo tempo duvida, já que a realidade vem acoplada ao "era uma vez", que põe em xeque a legitimidade do fato. O "era uma vez" tem o poder de questionar o peso que a atualidade dá a resultados, o detalhismo da ciência, a medicalização, a confiança que se deposita na nomenclatura. Ao mesmo tempo, a terminologia científica também faz contrapeso à conhecida construção "era uma vez", contrastando a fantasia com a solidez de um assunto concreto. Dupla ironia, que vai de um lado a outro e que se realiza como uma combinação moderna. Esse começo é tão devastador que já enseja a continuação: seria o caso de prosseguir nessa mesma tocada, infiltrando a ciência na imaginação e vice-versa, continuamente subentendendo críticas finas, e a história andaria sozinha.

Pega-se um manual de medicina, coletam-se nomes de exames, análises, serviços e, por outro lado, procede-se a uma morfologia da gramática da fábula e misturam-se aleatoriamente palavras de um e outro universo. Assim, por exemplo: "Mamografia com quatro incidências" e "Andava o galo esgaravatando no monturo". Ou, ainda, "translucência nucal" e "querendo um ladrão entrar numa casa de noite para roubar". E acabaram-se os problemas dos começadores. Teremos assim: "Andava o galo esgaravatando um monturo, quando encontrou uma mamografia com quatro incidências" e, por outro lado, "querendo um ladrão entrar numa casa de noite para roubar, foi impedido por uma translucência nucal". A despeito do efeito cômico, a continuação desse auspicioso começo é fácil. Quase dada. Garante-se tudo: o próprio começo, que se inaugura com segurança, a continuação, que flui com naturalidade, e os aspectos crítico e moderno, que se realizam sem necessidade de explicações ou conjecturas. Fica concretizada a convicção de que a ciência nunca passou de ficção e de que aqueles que confiam na ciência não passam de crédulos inocentes, além da ideia de que a ficção está mais próxima do real do que parece. Também se pode entender que a modernidade invadiu as mentes de tal maneira que os lobos já não têm mais espaço para esgaravatar os monturos e nem os ladrões para roubar tranquilamente as casas à noite. O problema maior, no caso de tão flagrante contraste, é como fugir do humor tão óbvio. Se o começador optar pela densidade ou pelo drama, ele pode, por exemplo, seguir outro caminho. Digamos: "Há muitos e muitos anos, num reino distante, uma princesa debruçou-se sobre uma janela imunológica". Não adiantou muito. Mas deve haver uma alternativa.

A sombra de um fio muito fino se percebe nessa hora. O começador olha para a fonte do reflexo e, realmente, trata-se de uma fresta na qual o sol está batendo. Ele vai até ela e olha. É mínima, bem menor do que sua sombra, é claro. É vertical, torta e longa, mas não demais. As bordas são ásperas, porque ela se encontra num muro de pedra. Não é possível nem mesmo inserir o dedo mindinho dentro dela, mas se fosse, doeria. Ele olha de novo para a sombra e vê que nela não há aspereza, mas a tortuosidade se reflete nos lados internos do reflexo. Uma fresta na parede e outra no chão, ele pensa. Ele encosta o olho na fresta e olha por dentro. Vê-se tão pouco: o chão do outro lado, que deve estar refletindo a mesma fresta por outro ângulo; alguns restos de perfis que passam rápido; o pó no ar, que parece mais nítido quando visto através da fresta, como se ela fosse uma lente de aumento; certa sujeira no chão: papéis jogados, bitucas de cigarro; mais ao longe, um pequeno monte de mato. Só. Ele então se deita sobre o chão para ver se a fresta feita de sombra também permite entrever alguma coisa, mas ela é plana; é claro que é impossível. Mesmo assim, ele insiste. Deitado, enfia o olho direito na fresta de sombra e faz que espia. Não enxerga nada; só a escuridão do chão. Ele conclui então que a sombra não tem dimensões. Ela atravessa, mas não permite ser atravessada. Ele está em busca de um começo, isso é sabido. Pensa que uma fresta no muro e no chão é sim um bom começo. Pensa que todo começo é uma fresta e uma sombra de fresta. Pouco se pode vislumbrar, mas esse pouco é uma anunciação, uma urgência mínima. Por um lado, todo começo é uma fresta porque por ele se enxerga o que está por vir e porque ele é uma existência autônoma — mais íntegro do que a continuação, pois ainda não corrompido. Toda fresta é muito mais bonita do que aquilo que permite entrever — uma vez transpassada a passagem, a visão do intervalo, só o que vem a seguir é o ato duro de percorrer as coisas. Por outro lado, todo começo também é uma sombra de fresta, já que o começador somente pensa que está começando, para logo em seguida se dar conta de que não, não houve começo algum — apenas ilusão. Rapidamente o que parecia um começo em forma de fresta se revela falso e não há nele dimensões: falta profundidade, altura e volume. Ele é plano e nada se pode vislumbrar — só o chão duro. É preciso tentar outra vez e mais outra. É tudo fresta falsa. É preciso avançar até encontrar a verdadeira fonte da sombra; a fresta real. O começador precisa aprender a reconhecer o que se vê do outro lado; saber o que é profundidade e o que é só aparência. Não é tarefa fácil, mas tampouco é impossível. Ele precisa saber se já está do outro lado da fresta. Se estiver, deve pular para o lado de lá e pegar a fresta em flagrante, antes que ela se esconda ou se transforme em sombra. O começador deve saltar sobre a fresta; mas deve tomar cuidado para não tapá-la ou destruí-la com sua pressa e ansiedade. As frestas são delicadas; por qualquer descuido, ocultam-se. Pronto. Uma vez agarrada a fresta, é possível começar. Ela é como uma linha finíssima. Ou melhor, como o buraco de uma agulha ínfima por onde se deve passar aquela linha. O começador é a linha. Se não acertar o furo de primeira, a linha desfia. Não entra nunca mais. Vai ser preciso encontrar uma linha nova e, com isso, a agulha já se perdeu.